essentials

essentials liefern aktuelles Wissen in konzentrierter Form. Die Essenz dessen, worauf es als „State-of-the-Art" in der gegenwärtigen Fachdiskussion oder in der Praxis ankommt. *essentials* informieren schnell, unkompliziert und verständlich

- als Einführung in ein aktuelles Thema aus Ihrem Fachgebiet
- als Einstieg in ein für Sie noch unbekanntes Themenfeld
- als Einblick, um zum Thema mitreden zu können

Die Bücher in elektronischer und gedruckter Form bringen das Expertenwissen von Springer-Fachautoren kompakt zur Darstellung. Sie sind besonders für die Nutzung als eBook auf Tablet-PCs, eBook-Readern und Smartphones geeignet. *essentials:* Wissensbausteine aus den Wirtschafts-, Sozial- und Geisteswissenschaften, aus Technik und Naturwissenschaften sowie aus Medizin, Psychologie und Gesundheitsberufen. Von renommierten Autoren aller Springer-Verlagsmarken.

Weitere Bände in der Reihe http://www.springer.com/series/13088

Dominik Hanisch · Ramon Grau

Best Practice Open Innovation

7 Methoden und welche Fehler es zu vermeiden gilt

Dominik Hanisch
Bargen, Schweiz

Ramon Grau
Rüschlikon, Schweiz

ISSN 2197-6708   ISSN 2197-6716   (electronic)
essentials
ISBN 978-3-658-31442-2   ISBN 978-3-658-31443-9   (eBook)
https://doi.org/10.1007/978-3-658-31443-9

Die Deutsche Nationalbibliothek verzeichnet diese Publikation in der Deutschen Nationalbibliografie; detaillierte bibliografische Daten sind im Internet über http://dnb.d-nb.de abrufbar.

Planung/Lektorat : Stefanie Winter
Springer Gabler ist ein Imprint der eingetragenen Gesellschaft Springer Fachmedien Wiesbaden GmbH und ist ein Teil von Springer Nature.
Die Anschrift der Gesellschaft ist: Abraham-Lincoln-Str. 46, 65189 Wiesbaden, Germany

Was Sie in diesem *essential* finden können

- Eine Einführung in die Theorie von Innovation und Open Innovation
- Vor- und Nachteile von Closed vs. Open Innovation
- Definition, Voraussetzung und Richtungen von Kooperationsformen
- 7 Best Practices aus der Praxis mit Beispielen und Anwendungstipps
- Voraussetzung für Open Innovation und welche Fehler es zu vermeiden gilt

Vorwort

Das vorliegende *essentials* entstand aus unserer Masterthesis an der Hochschule für Wirtschaft Zürich, HWZ und der Überzeugung, dass der Inhalt unserer Arbeit kurz und prägnant der breiten Öffentlichkeit zugänglich gemacht werden muss.

Open Innovation ist in der Literatur ein eher spärlich beschriebenes Thema und seit 2006 sind in der Theorie kaum Änderungen erfolgt. Aus der Praxis und der eigenen Anwendung von Open Innovation in unserem geschäftlichen Umfeld wissen wir jedoch, dass es noch mehr gibt, als bislang in der Theorie beschrieben. Für uns war somit schnell klar, dass wir über die Best Practices von Open Innovation – und welche Fehler es zu vermeiden gilt, schreiben wollten. Dabei haben wir bei großen Konzernen nicht nur weitere Methoden von Open Innovation entdeckt, sondern auch das Modell der Kernprozesse des Open Innovation Ansatzes von Gassmann und Enkel, 2006 neu definiert. Da wir von den Vorteilen von Open Innovation überzeugt sind und das Wissen auch anderen Unternehmen zugänglich machen wollten, haben wir im Jahr 2019 die Innovationshelden gegründet. Die Innovationshelden sind das erste Open Innovation Netzwerk der Schweiz, welches Firmen mit Wissen, Ressourcen und Diversität unterstützt.

In unserer wissenschaftlichen Arbeit wurden die Best Practices von Open Innovation beschrieben, was Schweizer KMU von Grosskonzernen lernen können und welche Fehler es zu vermeiden gilt aufgezeigt. Dabei haben wir festgestellt, dass nicht alleine die Größe ausschlaggebend ist ob und wie Innovationen entstehen, sondern lediglich der Wille und das Engagement der Unternehmen und deren Mitarbeiter selbst. Die in diesem *essential* beschriebenen Methoden und

Tipps können von allen interessierten Unternehmen und Personen angewendet, getestet und auf deren Bedürfnisse angepasst werden. Viel Spaß beim Lesen und Ausprobieren!

Dominik Hanisch
Ramon Grau

Zusammenfassung

Die heutige Zeit verlangt nach neuen Geschäftsmodellen, neuen Kollaborationsformen und nach Innovation, um mit den Kundenbedürfnissen der Zukunft, dem Wettbewerb und der Technologie Schritt zu halten. Henry Chesbrough hat diese Dringlichkeit und Wichtigkeit bereits passend formuliert: «Companies that don't innovate die» Zitat: Chesbrough, 2006, S.17.

Einige Unternehmen haben diese Dringlichkeit und Wichtigkeit bereits erkannt und wenden millionenschwere Ressourcen für Innovation auf. Viele Unternehmen machen aber an der Unternehmensgrenze nicht halt, sondern sie öffnen ihren Innovationsprozess in Richtung Kooperation mit anderen Firmen. Die Gründe für ein Öffnen des Innovationsprozesses liegen in verkürzten Innovationszyklen, steigenden industriellen Forschungs- und Entwicklungskosten und der anhaltenden Verknappung von Ressourcen. Mit der Öffnung kann zusätzlich zu den internen Ressourcen auf Wissen, Erfahrungen, Kompetenzen und Technologien ausserhalb des Unternehmens zurückgegriffen werden. Dadurch ist es möglich völlig neue Produkte, radikale Dienstleistungen oder weitere inkrementelle Innovationen für die Kunden zu kreieren.

Open Innovation ist eine Öffnung eines bestehenden Innovationsprozesses gegen außen. Die Voraussetzung hierfür ist ein bereits existierendes und funktionierendes Innovationsmanagement oder wenn dies nicht vorhanden ist, ein Beizug von externen Innovationsexperten. Dabei spielen vor allem der Wille und das Engagement der Organisation eine wichtige Rolle.

Die in diesem essential beschriebenen Best Practices sollen Unternehmen helfen, sich in der Thematik Open Innovation zurechtzufinden und Einblick in bewährte Methoden zu bekommen. Mit Open Innovation kann sich ein Unternehmen auf seine Kernkompetenzen konzentrieren und gleichzeitig von ressourcenorientierten und führungstheoretischen Vorteilen, einem schnellen Markteintritt sowie einer bereichernden Diversität profitieren.

Inhaltsverzeichnis

Über die Autoren

Dominik Hanisch hat Business Innovation an der Hochschule für Wirtschaft Zürich (HWZ) studiert, ist Innovation Manager bei Energie Wasser Bern, Inhaber der Hawess Schweiz GmbH und Founder von Innovationshelden. Er verfügt über umfangreiche Erfahrungen im Bereich von Open- und Lean Innovation und ist als Dozent für agile Innovationsmethoden bei der HWZ tätig.

Ramon Grau ist Co-Founder von Innovationshelden und hat ebenfalls Business Innovation an der Hochschule für Wirtschaft Zürich (HWZ) studiert. Er bringt ein breites Wissen als Projektleiter, Organisations-, Transformation- und Change Manager mit und arbeitet bei ERNI Consulting als Senior Projektmanager.

Einleitung 1

Die heutige Zeit verlangt nach neuen Geschäftsmodellen, neuen Kollaborationsformen und nach Innovation, um mit den Kundenbedürfnissen der Zukunft, dem
Wettbewerb und der Technologie Schritt zu halten. Henry Chesbrough hat diese
Dringlichkeit und Wichtigkeit bereits passend formuliert: *„Companies that don't
innovate die"* Zitat: Chesbrough (2006), S. 17.

Einige Unternehmen haben diese Dringlichkeit und Wichtigkeit bereits
erkannt und wenden millionenschwere Ressourcen für Innovation auf. Viele
Unternehmen machen aber an der Unternehmensgrenze nicht halt, sondern sie
öffnen ihren Innovationsprozess in Richtung Kooperation mit anderen Firmen.
Die Gründe für ein Öffnen des Innovationsprozesses liegen in verkürzten
Innovationszyklen, steigenden industriellen Forschungs- und Entwicklungskosten
und der anhaltenden Verknappung von Ressourcen. Mit der Öffnung kann zusätzlich zu den internen Ressourcen auf Wissen, Erfahrungen, Kompetenzen und
Technologien ausserhalb des Unternehmens zurückgegriffen werden. Dadurch
ist es möglich völlig neue Produkte, radikale Dienstleistungen oder weitere
inkrementelle Innovationen für die Kunden zu kreieren.

Open Innovation ist eine Öffnung eines bestehenden Innovationsprozesses
gegen außen. Die Voraussetzung hierfür ist ein bereits existierendes und
funktionierendes Innovationsmanagement oder wenn dies nicht vorhanden ist, ein
Beizug von externen Innovationsexperten. Dabei spielen vor allem der Wille und
das Engagement der Organisation eine wichtige Rolle.

Die in diesem essential beschriebenen Best Practices sollen Unternehmen
helfen, sich in der Thematik Open Innovation zurechtzufinden und Einblick in

D. Hanisch und R. Grau, *Best Practice Open Innovation,* essentials,
https://doi.org/10.1007/978-3-658-31443-9_1

bewährte Methoden zu bekommen. Die wirkliche Arbeit folgt jedoch danach in der Entwicklungs-, und Implementierungsphase. In beiden Phasen überwiegen die Vorteile von Open Innovation und helfen den Unternehmen schneller, kostengünstiger und breiter zu innovieren.

Innovation

2

2.1 Definition und Grundlagen

Der Begriff Innovation hat seinen Ursprung im spätlateinischen Wort „innovatio", was Erneuerung und Veränderung bedeutet bzw. im lateinischen *novus* (neu). Die Disziplin Innovation wurde 1934 durch den berühmten Ökonomen Joseph Schumpeter wie folgt definiert:

> *„new combinations of new or existing knowledge, resources, equipment, and other factors"* Zitat: Schumpeter (1934).

In der Literatur gibt es zahlreiche Definitionen von Innovation.

▶ **Definition Innovation** Eine sehr passende Beschreibung des Begriffes Innovation, stammt von Henry Chesbrough. Für ihn bedeutet Innovation, eine Erfindung implementiert und auf den Markt gebracht zu haben.

Die höchste Form der Innovation ist disruptive Innovation, was in Wirklichkeit soziale Praktiken verändert, die Art wie wir leben, arbeiten und lernen. Wirklich wesentliche Innovationen in der Vergangenheit waren das Telefon, das Kopiergerät, das Automobil, der Personal Computer (PC) oder das Internet. Sie waren disruptiv, denn sie veränderten dramatisch die Gewohnheiten (vgl. Chesbrough 2006, S. 4). Einer der bekanntesten Erfinder des 19. Jahrhunderts war Thomas A. Edison. Seine erste Erfindung (im Jahre 1868) war ein elektrischer Stimmenzähler für Versammlungen und elf Jahre später die Glühbirne (Kohlefaden-Glühlampe). Erfindungen wie diese, waren für die damalige Zeit bahnbrechend und Teil oder Anstoß von Konjunkturwellen. Weitere Quantensprünge in dieser Periode stellten in etwa die Entwicklung von Farbherstellung oder des Verbrennungsmotors dar (vgl. Vahs et al. 2015, S. 6).

© Der/die Herausgeber bzw. der/die Autor(en), exklusiv lizenziert durch Springer Fachmedien Wiesbaden GmbH, ein Teil von Springer Nature 2020
D. Hanisch und R. Grau, *Best Practice Open Innovation,* essentials,
https://doi.org/10.1007/978-3-658-31443-9_2

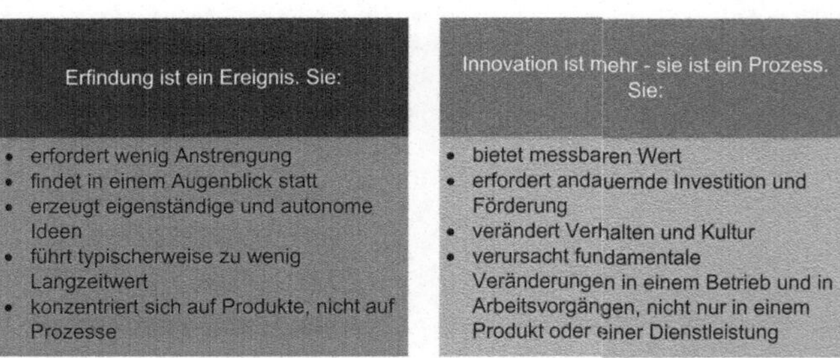

Abb. 2.1 Invention und Innovation. (Eigene Grafik in Anlehnung an Koulopoulos 2010, S. 28 f.)

Grundsätzlich gilt es aber eine Erfindung (Invention) und eine Innovation zu unterscheiden (siehe Abb. 2.1). Die Invention ist eine Vorstufe der Innovation und beinhaltet den Prozess der Ideengenerierung, der Validierung und der Verbesserung einer Idee. Dagegen ist die Innovation eine bereits auf den Markt gebrachte und wirtschaftlich umgesetzte Lösung. (vgl. Vahs et al. 2015, S. 21). Eine andere Darstellung der Unterscheidung wählte Koulopoulos. Er definierte die beiden Begriffe wie folgt:

Kategorien von Innovation
In der Literatur und in der Praxis findet man am häufigsten eine Kategorisierung von Innovation nach deren Art. Man findet Produkt- und Prozessinnovationen, organisatorische Innovationen und Geschäftsmodell Innovationen. Vahs definiert die Kategorisierung wie folgt (vgl. Vahs et. al. 2015, S. 52 ff.):

- Produktinnovationen sind neu entwickelte Leistungen, die Bedürfnisse der Kunden befriedigen und zur verbesserten Wirtschaftlichkeit des Anbieters beitragen.
- Prozessinnovationen sind Veränderungen in einem Prozess, innerhalb welchem ein definierter Wertzuwachs (added value) entsteht.
- Organisatorische Innovationen sind Veränderungen einer Organisation eines Unternehmens, welche zu einer Kostenreduktion, einer Qualitätsverbesserung oder zu einer Produktivitätssteigerung führen.
- Geschäftsmodellinnovationen (oder auch Marketinginnovationen genannt) sind grundlegende Neuerungen oder Veränderungen eines Geschäftsmodells, das die Bedürfnisse der Kunden auf eine bessere Art und Weise befriedigt (z. B. IKEA, AirBnB oder UBER).

Innovationsmanagement

Um langfristig den Erfolg und das Überleben einer Unternehmung zu sichern, ist es von entscheidender Bedeutung das Management von Innovation nicht dem Zufall zu überlassen. Die Aufgaben des Innovationsmanagements umfasst gemäß Vahs:

„alle Planungs-, Entscheidungs-, Organisations-, und Kontrollaufgaben im Hinblick auf die Generierung und die Umsetzung von neuen Ideen in marktfähige Leistungen." Zitat: Vahs et. al. 2015, S. 28.

D. Huber, H. Kaufmann und M. Steinmann der Berner Fachhochschule haben in ihrem Buch „Bridging the Innovation Gap" versucht, einen Bauplan für ein systematisches (und erfolgreiches) Innovationsmanagement aufzustellen (siehe Abb. 2.2). Sie nennen ihn das „Berner Innovationsmodell", welches wichtige

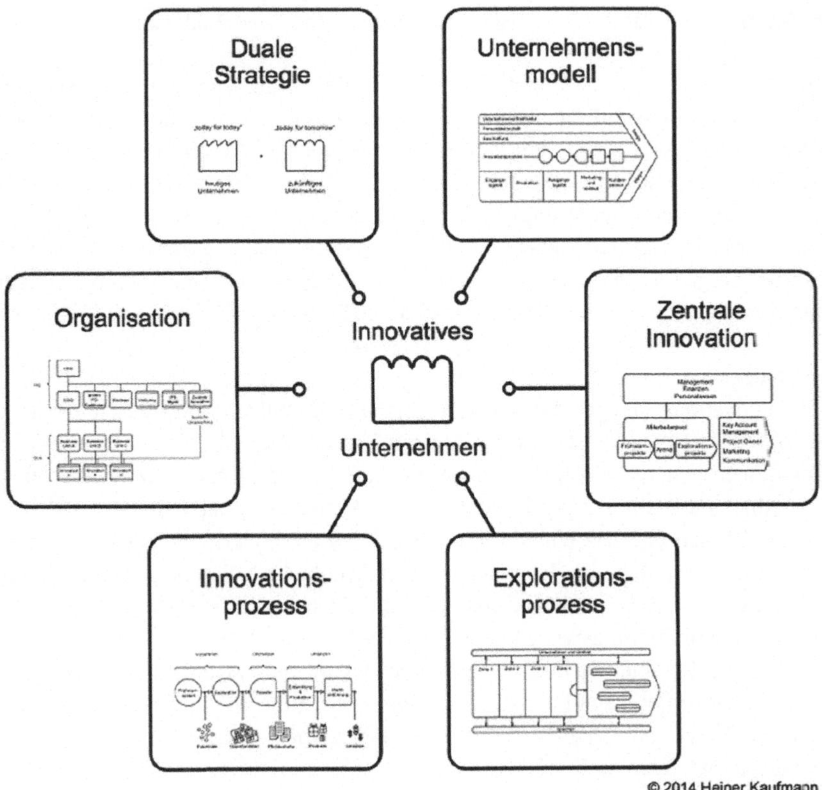

Abb. 2.2 Das innovative Unternehmen gemäß dem Berner Innovationsmodell nach Huber und Kaufmann, 2014

Punkte eines innovativen Unternehmens aufweisen. Neben der Innovations-strategie und dem Innovationsprozess beleuchten sie auch die Grundsätze einer Unternehmensstruktur und Kultur (vgl. Huber et al. 2014, S. 148 ff.). Es ist eine nach innen gerichtete Darstellung, wie ein heutiges Unternehmen ein innovatives Unternehmen wird.

Im Kontext von Open Innovation bestimmt Christensen andere Faktoren für die Innovationsfähigkeit eines Unternehmens ohne Berücksichtigung der Organisation, Strategie oder Unternehmensmodell:

- *Ressourcen:* Mitarbeiter, Wissen, finanzielle Mittel, Anlagen, Beziehungen mit Lieferanten und Kunden
- *Prozesse:* Produktentwicklung, Kommunikation, Beschaffung, Budgetierung und Planung
- *Werte:* Standards der Mitarbeiter zu bewerten, priorisieren oder zu entscheiden.

Die Größe der Unternehmung ist dabei kein Faktor, ob ein Unternehmen innovationsfähig ist oder nicht. Es spielt keine Rolle ob ein großes Unternehmen über mehr Ressourcen als ein kleines Unternehmen verfügt, effiziente Prozesse hat oder die richtigen Werte lebt. Es kommt alleinig darauf an, wie man sich einer neuen Herausforderung stellt und sich dementsprechend ausrichtet. Ein kleiner Markt erfordert andere Werte, die Kostenstrukturen müssen für kleine Gewinnmargen ausgerichtet werden und die Intuition entscheidet mehr in einem unbekannten Terrain (vgl. Christensen et al. 2013, S. 184 ff.).

Ressourcen

Ein Innovationsmanagement verlangt gemäß Hauschildt (vgl. Hauschildt et al. 2016, S. 77 f.) den Einsatz von besonderen Ressourcen und Potenzialen. Bei den Ressourcen benötigt ein Innovationsmanagement primär Menschen, Wissen und Empathie und erst in zweiter Linie finanzielle Mittel, Material und Anlagen.

Das Wissen und das damit verbundene Wissensmanagement gilt als wesent-liche Ressource für die Überlebens- und Wettbewerbsfähigkeit einer Unter-nehmung. Das Wissen kann einerseits in Fach- und Methodenwissen und andererseits in Führungswissen gegliedert werden (Tab. 2.1).

Sind die Ressourcen und insbesondere das Wissen in einer Unternehmung nicht vorhanden, werden Fähigkeiten benötigt, die diese beschaffen oder ersetzen können. Diese Fähigkeiten sind vielseitig und reichen von der Planung über die Organisation bis hin zu Konfliktfähigkeit.

Wie auch das Wissen, sind die Fähigkeiten am Individuum gebunden und für die Leistungen und das Engagement verantwortlich (Tab. 2.2).

Tab. 2.1 Gliederung des Wissensmanagements in Anlehnung an Hauschildt. (Vgl. Hauschildt et al. 2016, S. 77)

Fach- und Methodenwissen	
Technologisches Wissen	Wissen auf dem Gebiet der Innovation, deren Methoden, Prozesse und Modelle
Marktbezogenes Wissen	Wissen über Anwendungsmöglichkeiten, Märkte und Mitbewerber der Innovation
Führungswissen	
Strategisches Wissen	Wissen über strategische Ziele, Grenzen und Pläne, welche die Innovationen eingrenzen
Personenkenntnis/ Empathie	Wissen und Bewusstsein für Personen, die besonders fähig für Innovationsvorhaben sind oder von Bedeutung sind – positiv wie negativ
Netzwerkwissen	Wissen von Kooperationspartnern und Netzwerken innerhalb oder außerhalb der Unternehmung, die Innovation beschleunigen oder behindern können

Tab. 2.2 Gliederung der Fähigkeiten in Anlehnung an Hauschildt. (Vgl. Hauschildt et al. 2016, S. 78)

Fähigkeiten	
Wissensgenerierung	Die Fähigkeit, das vorhandene Wissen in neuer Form zu kombinieren und in funktionsfähige Problemlösung einzubringen
Organisation	Die Fähigkeit, neue Formen der Spezialisierung hervorzubringen und zu koordinieren
Planung	Die Fähigkeit, die Ungewissheit und Unsicherheit von Innovation zu erkennen, zu bestimmen und diese inhaltlich und terminlich zu planen
Vernetzung	Die Fähigkeit, Partner für ein Kooperationsnetzwerk zu verknüpfen
Kooperation	Die Fähigkeit, die Kooperationspartner zu gemeinsamen Leistungen zu bewegen und die Beziehungen zu pflegen
Finanzierung	Die Fähigkeit, die benötigten finanziellen Mittel zu beschaffen
Konflikt	Die Fähigkeit, allfällige Konflikte und Widerstände zu regulieren, sodass Innovation entstehen kann
Wissensgenerierung	Die Fähigkeit, das vorhandene Wissen in neuer Form zu kombinieren und in funktionsfähige Problemlösung einzubringen

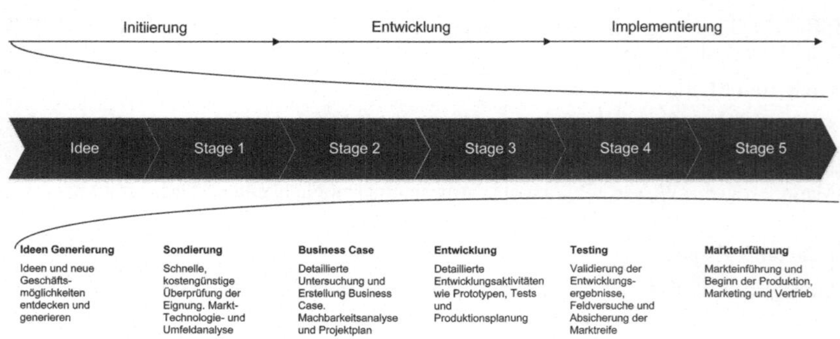

Abb. 2.3 Innovationsprozess. (Eigene Grafik in Anlehnung an Cooper 2009, S. 54)

Innovationsprozess

Die Aufgaben und Elemente des Innovationsmanagements und die damit verbundenen finanziellen und zeitlichen Aspekte gilt es sinnvoll zu planen, zu strukturieren und zu optimieren. Vahs beschreibt den Innovationsprozess wie folgt:

„Der Innovationsprozess hat hierbei die konkrete Aufgabe, eine Idee mit den verfügbaren Ressourcen zeitgerecht in ein marktfähiges Produkt umzusetzen. Er muss durchgängig alle erforderlichen Schritte von der Initiierung der Idee bis hin zu ihrer Markteinführung sicherstellen." Zitat: Vahs et. al. (2015), S. 229.

Weiter fügt er an, dass dieser Prozess eine Flexibilität besitzen muss, um auf Veränderungen im Markt reagieren zu können.

In der Literatur und in der Praxis finden sich vielfältige Ansätze von Innovationsprozessen (vgl. Vahs et. al. 2015, S. 235; Hauschildt et.al 2016, S. 148). Das „Stage-Gate®"- Konzept von Cooper[1] (siehe Abb. 2.3) ist der wohl das bekannteste und das weitverbreitetste Modell der Prozesssteuerung von Innovationen. Hierbei wird der Innovationsprozess in Phasen unterteilt: von der Idee (Initiierung) über die Entwicklung bis zur Markteinführung (Implementierung) und durch Entscheidungsprozesse, sogenannte Gates. Bei dem Prozess handelt es sich um einen linearen Prozess, der jedoch nicht zwingend linear verlaufen muss sondern vielmehr Brüche und Schleifen in sich selbst aufweist. Auf der Basis vorher definierter Anforderungen und Kriterien werden in den Gates Ideen gestoppt, fortgesetzt oder zurück an den Anfang der Phase verwiesen. Der Stage-Gate Prozess basiert auf der Ansicht, dass Produktinnovation

---

[1]Das von R.G. Cooper entwickelte Stage-Gate-Modell ist ein geschütztes EU-Warenzeichen des Innovation Management U3 und Product Development Institute Inc.

mit einer Idee beginnen, und mit einer erfolgreichen Einführung eines Produktes in den Markt enden.

Während Cooper den Innovationsprozess in fünf Phasen unterteilt, differieren Goffin und Mitchel den Prozess lediglich in Initiierung, Entwicklung und Implementierung (vgl. Goffin et. al 2010, S. 17). Alle verfolgen jedoch die gleichen Ziele. Das Kundenbedürfnis soll maximiert werden, die Entwicklungskosten und Durchlaufzeiten sollen minimiert werden und erfolgreiche Innovationen sollen generiert werden.

Innerhalb der Phasen kommen weitere Modelle und Methoden zur Entwicklung der Ideen zur Anwendung, die zur Iterativen Umsetzung dieser beitragen. Beispielhaft werden hier Design Thinking, Lean Startup, Design Sprints und Scrum genannt. Auf eine Ausführung dieser agilen Arbeitsweisen wird allerdings in dieser Arbeit verzichtet.

Werte
Werte und Normen (siehe Abb. 2.4) sind Bestandteil der Organisationskultur und beinhalten Verhaltensrichtlinien und Verbote, anhand Personen

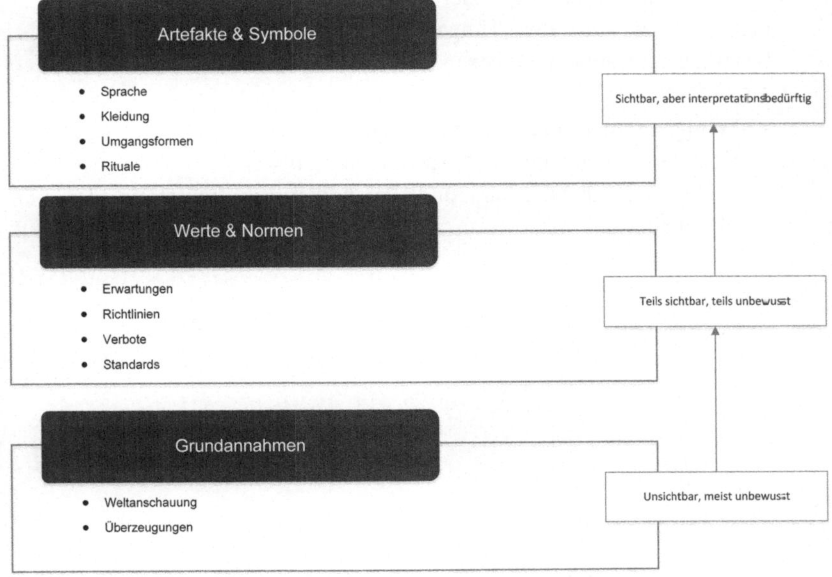

Abb. 2.4 Werte und Normen. (Eigene Grafik in Anlehnung an Schein, 1984)

die Angemessenheit von Verhaltensweisen als „richtig" oder „falsch", „gut" oder „schlecht", „schön" oder „hässlich" einstufen können (vgl. Hauschildt et al. 2016).

Traditionelle Werte wie Disziplin, Gehorsam, Hierarchie und Macht werden zunehmend von neuen Werten wie Selbstbestimmung, Partizipation, Vertrauen, Kreativität und Freiheit abgelöst und bestimmen die Organisationskultur maßgeblich mit.

Wenn ein Unternehmen langfristig erfolgreich sein möchte, dann ist es wichtig, geeignete Voraussetzungen zu schaffen um das Leistungspotenzial der Mitarbeiter umfassend nutzen zu können. Gerade in der Innovation sind Freiräume, Vertrauen und Partizipation besonders wichtig, um die Kreativität und den Unternehmergeist zu fördern (vgl. Vahs et al. 2015, S. 199; Hauschildt et al., 2016, S. 105).

▶ **Vertrauen ist die Basis für Kooperation**
„Nicht nur in Open-Innovation und Cross-Industry-Projekten, sondern auch bei unternehmensinternen Innovationsvorhaben ist das gegenseitige Vertrauen eine Grundvoraussetzung." Zitat: Vahs et al. (2015), S. 209.

Die positiven Aspekte einer Vertrauenskultur sind gemäß Vahs nicht nur im sozialen Umgang eine Grundvoraussetzung, sie bewirken auch auf der Sachebene einen Mehrnutzen.

- Weniger Steuer- und Kontrollaufwand
- Kürzere Verhandlungs- und Abstimmungsaufwände
- Hohe Einsatzbereitschaft und Verantwortungsbewusstsein der Mitarbeiter

3.1 Closed Innovation

Innovation innerhalb einer Organisation hat zu vielen wichtigen Errungenschaften sowie großen kommerziellen Erfolge geführt. Der vergangene Erfolg des Closed Innovation Paradigmas steht für dessen Hartnäckigkeit im Angesicht einer sich ständig verändernden Wissenslandschaft. Es handelt sich um einen Ansatz, welcher fundamental nach innen gerichtet ist und mit dem Wissensumfeld des zwanzigsten Jahrhunderts übereinstimmte (vgl. Chesbrough 2006, S. 21).

In der nach innen gerichteter Innovation (siehe Abb. 3.1) sind die eigenen Mitarbeiter und insbesondere Forscher und Entwickler die wichtigste Quelle für neue Ideen (vgl. Brunswicker 2009). Das eigene Knowhow und die Ideen werden vertraulich behandelt und beschützt. Dafür gibt es auch nach Michael E. Porter unternehmerische Gründe, denn mit einem Vorsprung gegenüber seinen Konkurrenten, sichert man sich mit der Differenzierung einen Wettbewerbsvorteil (vgl. Porter 2010).

3.2 Innovationskooperation

Der Begriff Innovationskooperation besteht aus der Kombination der zwei Begriffe „Innovation" und „Kooperation" (vgl. Marxt 2000, S. 32). Unter Innovationskooperation wird eine Zusammenarbeit zwischen einem oder mehreren selbstständigen Unternehmen (rechtlich und wirtschaftlich) in einer Phase des Innovationsprozesses verstanden. Es ist sozusagen eine Zwischenform von

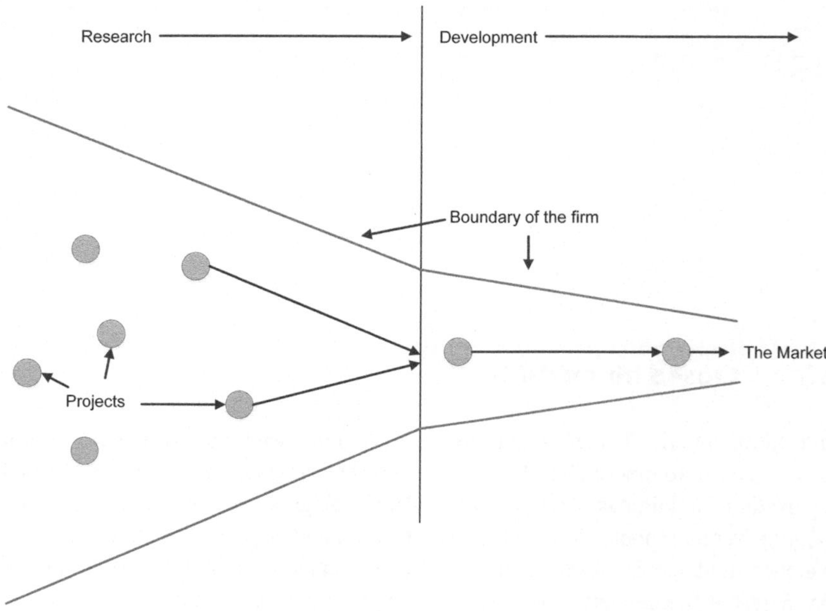

Abb. 3.1 Closed Innovation Process nach Chesbrough 2006

Closed und Open Innovation. Die Zusammenarbeit beruht meist auf still-schweigender oder vertraglicher Vereinbarung und es werden gemeinsame Ziele vereinbart. Die Partner koordinieren zur Steigerung der Leistung der beteiligten Unternehmen und zur Entwicklung, Erzeugung, sowie Verwertung marktfähiger Produkte (vgl. Marxt 2000, S. 33).

Pepels formuliert die Definition wie folgt:

„Jede auf freiwilliger Basis beruhende vertraglich geregelte Zusammenarbeit rechtlich selbständig bleibender und wirtschaftlich eingeschränkter Betriebe zum Zweck der Verbesserung ihrer Leistungsfähigkeit wird allgemein Kooperation genannt." Zitat: Pepels (2012), S. 1348

▶ **Definition Innovationskooperation**
In der Theorie hat sich bisher noch keine einheitliche Definition der Innovationskooperation durchgesetzt. Es gibt in der Literatur eine Definitions-vielfalt (vgl. Hauschildt et. al 2016, S. 242; Rotering 1990, S. 41).

Was alle Definitionen jedoch gemeinsam haben sind die folgenden Merkmale:

- Gemeinsame Zielsetzungen oder Zweck
- Gegenseitige Abhängigkeit
- Selbstständigkeit der Kooperationsunternehmen
- Freiwilligkeit der Zusammenarbeit

Eine Form von Innovationskooperationen sind beispielsweise Joint Ventures oder Strategische Allianzen (vgl. Hauschildt et. al 2016, S. 244). Beide Formen der Kooperation findet man auch

Richtungen von Kooperation

In der Kooperationsforschung werden heute neben den Modellen und Formen der Zusammenarbeit insbesondere auch zwischen horizontalen und vertikalen Kooperationen unterschieden (siehe Abb. 3.2). Unter **horizontalen Kooperationen** wird die Zusammenarbeit zwischen Unternehmen derselben Branche bzw. derselben Wertschöpfungsstufe verstanden. Die Produkte oder Dienstleistungen der Unternehmen sind sich ähnlich, identisch, basieren auf den gleichen Technologien oder den gleichen Produktionsverfahren. Klassischerweise kommen bei horizontalen Kooperationen, aufgrund der Risiken und Ängste der Unternehmen das Wissen mit dem Wettbewerb zu teilen, strategische Allianzen zum Tragen. In strategischen Allianzen legen die Unternehmen ihre Funktionen nicht zusammen, sondern stimmen diese mittels Verträge und Spielregeln nur aufeinander ab. Thommen definiert die strategischen Allianzen wie folgt: *„Unter einer strategischen Allianz versteht man eine Partnerschaft, bei der die Handlungsfreiheit der beteiligten Unternehmen im Kooperationsbereich maßgeblich eingeschränkt ist"* Zitat: Thommen (2000), S. 85.

In **vertikalen Kooperationen** nehmen die Unternehmen dagegen entlang der Wertschöpfungskette unterschiedliche Aufgaben wahr und stehen in

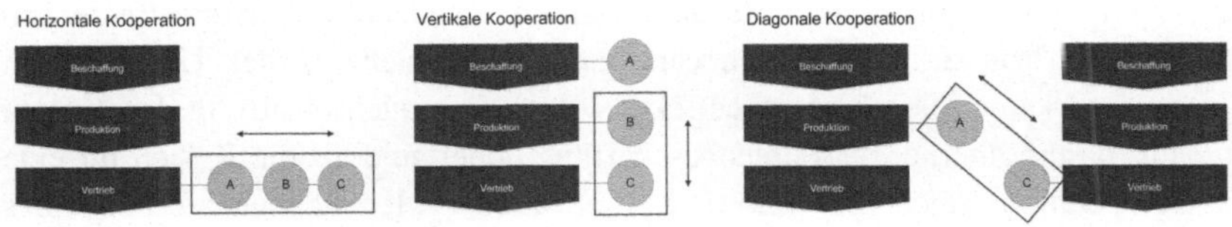

Abb. 3.2 Kooperationsformen zwischen eigenständigen Unternehmen A, B und C. (Eigene Grafik in Anlehnung an Engelhardt et. al. 2017, S. 44 f.)

einer klassischen Zulieferer-Abnehmer Beziehung (vgl. Engelhardt et al. 2017, S. 44 f.). Bei wiederholten und dauerhaften, vertikalen Kooperationen zwischen zwei Unternehmen können sich die organisatorischen Strukturen verfestigen und es kann zu einem Joint Venture führen (vgl. Hauschildt et al. 2016, S. 244). Mit einem Joint Venture wird zwischen zwei Unternehmen die größte möglichste Bindung erzielt, sodass die speziellen Anforderungen der Partner bestmöglich und kosteneffizient erfüllt werden kann (vgl. Vahs et al. 2015, S. 159).

Vereinzelt werden auch **diagonale** oder komplementäre **Kooperationen** als mögliche Form der Zusammenarbeit genannt. Solch eine Zusammenarbeit zielt darauf ab, neue Produkte oder Dienstleistungen zu entwickeln, indem neue Technologien oder Märkte bearbeitet werden. Als Beispiel einer komplementären Kooperation könnte z. B. eine Zusammenarbeit eines Energieversorgungsunternehmens und Automobilhersteller zur Verbesserung der Elektromobilität genannt werden. In der Literatur (Hauschildt/Engelhardt/Vahs) trifft man häufig in der diagonalen Kooperation die Communities oder Netzwerke an. Je nach Branchen, Regionalität und Heterogenität findet man z. B. Lernprogramme, Konsortien, Technologie-Netzwerke oder industrieübergreifende Innovationsnetzwerke (vgl. Hauschildt et al. 2016, S. 275 f.).

Vorteile und Nachteile einer Kooperation

Es gibt eine Vielzahl an Vorteilen, die für das Eingehen einer Kooperation sprechen. Ein Vorteil ist, dass sich die Unternehmen auf ihre Kernkompetenzen konzentrieren (insbesondere bei der vertikalen Kooperation). Gemäß Hauschildt und Salomo gibt es weitere Vorteile eine Innovationskooperation einzugehen (vgl. Hauschildt, et al. 2016, S. 251 ff.):

- Ressourcenorientierte Vorteile
- Führungstheoretische Vorteile
- Kunden- und Marktvorteile (Diffusionstheorie)

Durch die gemeinsame Zusammenarbeit entstehen Synergieeffekte im Bereich **Wissen** und **Ressourcen,** die die Effizienz beider Unternehmen steigern kann. Diese Synergieeffekte wirken sich auch positiv in den Kosten aus, da die interne Ressourcenbeschaffung höher sind als die Kosten für eine Kooperation. Auch die verkürzten Innovationszyklen können als Folge des effizienten Einsatzes von Ressourcen genannt werden.

Da in einer Kooperation keine Hierarchien herrschen, sondern die Leistungen der jeweiligen Unternehmen in Verträge und Vereinbarungen getroffen wurden, entstehen auch aus Sicht der **Führung** Vorteile. Konflikte werden reduziert, die Leistungsfähigkeit erhöht, sodass sich auch die Entwicklungszeiten minimieren. Basis dafür bilden die Werte aus Kap 0.

Die Beziehung zu einem Kooperationspartner gewährt auch Einblicke in die Eigenheiten deren Branche, in deren Markt und in die Bedürfnisse deren **Kunden.** Durch die Informationen und Anforderungen des Marktes und der Kunden, können Fehlentwicklungen vermieden und der Markteintritt vereinfacht werden.

Als Nachteile oder Risiken können einerseits die Abhängigkeit, wie auch die Organisation und Kommunikation in einer Zusammenarbeit genannt werden. Auch die Weitergabe von Wissen birgt vor allem bei der horizontalen Kooperation Risiken, welches die Unternehmen nicht eingehen wollen (vgl. Engelhardt et al. 2017, S. 47). ◄

3.3 Open Innovation

Bei Open Innovation handelt es sich wie in Abschn. 3.2 beschrieben, um eine Innovationskooperation. Open Innovation beschreibt die Öffnung des Innovationsprozesses der Unternehmung, um neue Ideen, mit Unterstützung von externen Ressourcen, zu generieren und weiterzuentwickeln (Faber/Chesbrough/ Hellbach). Dabei geht es primär darum Lösungen und Ideen wieder zu verwenden, zu multiplizieren und anzupassen. Dabei gilt es das „Not-Invented-He re"-Syndrom zu überwinden (vgl. Gassmann et al. 2016, S. 136 f.). Der Begriff selbst wurde vom Closed Innovation Pionier, Henry Chesbrough, geprägt.

Open Innovation steht im direkten Kontrast zu „Closed Innovation" und öffnet den Innovationsprozess in Richtung Kooperation (siehe Abb. 3.3). Die Gründe für ein Öffnen des Innovationsprozesses liegen in verkürzten Innovationszyklen, steigenden industriellen Forschungs- und Entwicklungskosten und der anhaltenden Verknappung von Ressourcen (vgl. Gassmann et al. 2016, S. 136 f.).

Inside-Out
Im Inside-Out-Prozess werden unternehmensintern entwickelte Inventionen extern zur Umsetzung herausgegeben. Dies durch Lizenzierung, Verkauf oder andere Arten der Offenlegung (vgl. Vahs et al. 2015, S.245).

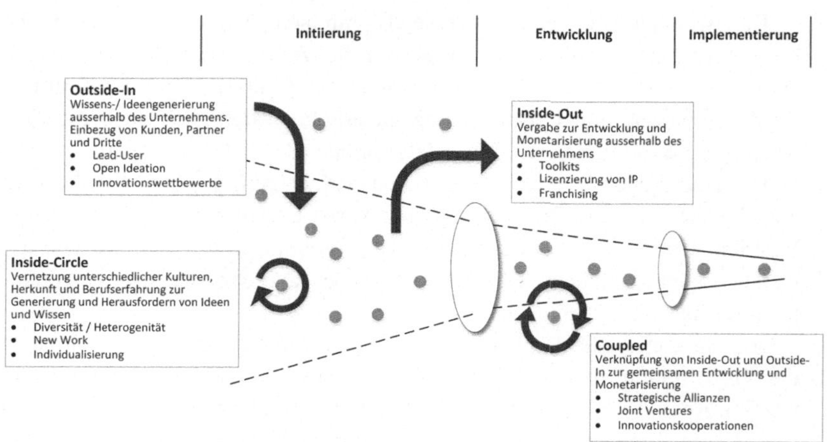

Abb. 3.3 Neues Modell der Kernprozesse des Open Innovation Ansatzes

▶ **Definition Inside-Out**

Gassmann und Enkel definieren den Inside-Out Prozess wie folgt:

„Die unterschiedlichen Ansätze für Inside-out Prozesse können zusammengefasst werden als: wirksamer Einsatz des internen Wissens durch Öffnung der Unternehmensgrenzen und Erlangung von Vorteilen indem Ideen nach außen fließen können." Zitat: Gassmann und Enkel, ZfO, 3/2006, S. 135.

Weiter zeigen sie anhand des Beispiels von IBM auf, wie der Techgigant bewusst den Inside-Out-Prozess ins Zentrum stellt, um die Fixkosten für F&E zu reduzieren und Risiken mit anderen Unternehmen zu teilen. Auch die Markenbildung nennen sie als ein Grund für die Fokussierung auf den Inside-Out-Prozess. Als Beispiel nennen sie Ascom, ein internationaler Anbieter von Telekommunikationssystemen, welcher mit dem Sportartikelhersteller Mammut bei der Entwicklung und vor allem bei der Kommerzialisierung eines Lawinensuchgerätes (LVS) kooperiert. Das Unternehmen nutzt gemäß Gassmann und Enkel den Markennamen von Mammut um das Produkt entsprechend im Markt zu positionieren und etablieren (vgl. Gassmann und Enkel, ZfO 2006).

In der Betriebswirtschaft wird die Lizenzierung oder auch das Franchising, als Sonderform des Lizenzvertrages wie folgt beschrieben:

Lizenzvertrag umfasst eine Nutzung von Rechten (z. B. Patent, Warenzeichen) oder betrieblichem Knowhow durch eine andere Unternehmung gegen Entgelt. Das **Franchising** ist eine Kooperation zwischen zwei Unternehmen, bei dem ein ganzes Bündel von Knowhow zur Verfügung gestellt wird, um Güter oder Dienstleistungen unter einem bestimmten Warenzeichen zu vertreiben (vgl. Thommen 2000, S. 91.

Outside-In

Der Begriff Outside-In (oder gemäß Reichwald & Piller auch Interaktive Wertschöpfung genannt) beschreibt einen kooperativen Prozess. Von interaktiver Wertschöpfung (siehe Abb. 3.4) kann gesprochen werden, wenn eine Unternehmung eine

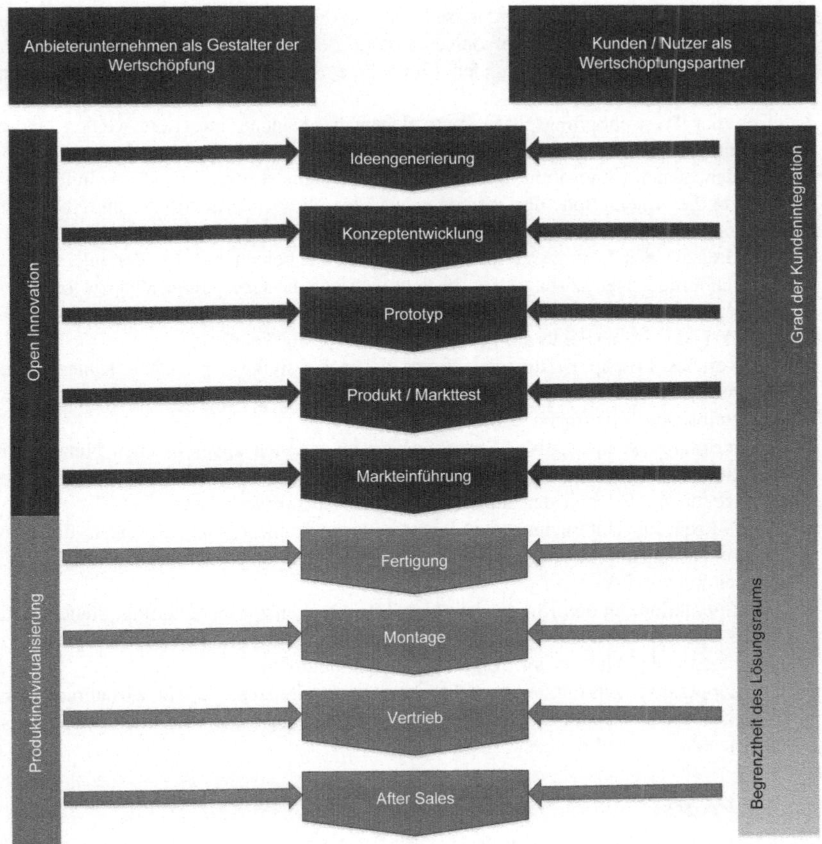

Abb. 3.4 Das Modell der interaktiven Wertschöpfung. (Eigene Darstellung nach Reichwald et. al. 2009, S. 52)

Aufgabe, welche bisher durch interne Mitarbeiter erledigt wurde, an ein nicht formal definiertes, großes Netzwerk von Kunden, Nutzern oder anderen externen Akteuren vergibt. Die von der Firma gestellte Aufgabe kann eine Innovation (Kreation von neuem Wissen) beinhalten oder auch operative Arbeiten, wie zum Beispiel die Mitwirkung bei Marketing Aktivitäten sein (vgl. Reichwald et al. 2006, S. 51).

Die Prinzipien der interaktiven Wertschöpfung:

1. Grundlage einer kooperativen Zusammenarbeit ist eine freiwillige Interaktion zwischen Unternehmen und Kunden. Insbesondere Kunden mit dem Ziel einer gemeinsamen Problemlösung oder sozialen Austausches
2. Ein gemeinsamer Lösungsprozess ist Inhalt der Interaktion in welchem die Parteien materielle und immaterielle Ressourcen austauschen
3. Durch die Integration der Kunden (Teilnahme an Aktivitäten) fließt Wissen zum Unternehmen
4. Nach der Wertschöpfungsphase, in welcher die Kunden integriert werden (Grad der Integration und Begrenzung des Lösungsraums) werden zwei Formen unterschieden, Open Innovation und Produktindividualisierung. Bei Open Innovation erfolgt die Interaktion der Kunden auf den Innovationsprozess und bei der Produkt-individualisierung auf den operativen Produktionsprozess.
5. Die Grenzen des Lösungsraums wiederspiegelt die beiden Formen der interaktiven Wertschöpfung. Der Lösungsraum bezieht sich auf die Gesamtheit aller zu lösenden Probleme der Unternehmen und kann entweder geschlossen (Fokus auf individuelles Produkt) oder offen (Fokus auf gesamte Wertschöpfungskette) sein.
6. Ein weiteres Prinzip ist die neue Form der Arbeitsteilung zwischen Kunden und Unternehmen. Die Kunden können auf Basis ihrer Neigung und Fähigkeiten selbst eine zu lösende Teilaufgabe wählen.
7. Eine erfolgreiche interaktive Wertschöpfung muss einen angemessenen Nutzen für die Kunden in Aussicht stellen. Es gelten extrinsische Entlohnung und intrinsische Anreize, die am Erlebnis der Interaktion festgemacht werden können.
8. Der Nutzen für Unternehmen sind einerseits neue Ideen und Lösungen für eine Differenzierungspolitik gegenüber dem Wettbewerb und andererseits effizientere Erarbeitung von Lösungen.
9. Eine Interaktion mit den Kunden benötigt Kompetenzen zur Generierung, Steuern und Lösen solcher Aufgaben. Diese Kompetenzen werden von beiden Parteien gefordert und tragen maßgeblich zum Erfolg der Lösungsfindung bei.
10. Die kooperative Zusammenarbeit hat aber auch Grenzen, da ein Zusammenhang zwischen einer zunehmenden Granularität der Aufgabenstellung und den daraus resultierenden Koordinationskosten besteht.

Coupled Prozess

Werden beide Ansätze miteinander verknüpft, so spricht man von einem Coupled Prozess, beispielsweise durch strategische Allianzen oder Joint Ventures von mehreren Unternehmen (vgl. Vahs et al. 2015, S. 245). Unternehmen, die diesem Ansatz folgen, streben eine enge Zusammenarbeit mit ihren Partnern an, um Standards zu setzen (vgl. Hauschildt et al. 2016, S. 243).

Gassmann und Enkel nennen beispielsweise strategische Allianzen zwischen Lieferanten, Konsumgüterproduzenten, Universitäten und Groß- und Einzelhändler für die Entwicklung und Anwendung von smarten Chips. Auch anhand des Beispiels der polyphonen Klingeltöne zeigten sie auf, wie Standards der meisten Telekommunikationsunternehmen wie Sony, Ericsson, Siemens und Nokia zur gemeinsamen Steigerung des Umsatzes führte (vgl. Gassmann und Enkel, ZfO 2006).

Inside-Circle
Der Inside-Circle Prozess ist im Rahmen Ihrer Masterarbeit ein neu entdeckter Prozess der Autoren. Bei diesem Prozess handelt es sich um ein stetiges Erneuern, Austauschen und Ergänzen im Innern einer Unternehmung. Dieser Prozess schließt auf die geänderten Megatrends der Individualisierung und New Work, in welchen sich Individuen mehr als nur einen Arbeitgeber suchen und der Mensch im Zentrum steht.

▶ **Definition New Work** New Work ist die neue Art, die Arbeit mit den individuellen Bedürfnissen des Lebens zu verbinden. Im Zuge der Transformation der Arbeitswelt geht es um die Frage, wie wir in Zukunft arbeiten, wie wir unsere Fähigkeiten am besten einsetzen können und über den Sinn der Arbeit selbst.

Vorteile und Nachteile von Open Innovation

Es gibt eine Vielzahl an Vorteilen, die für das Eingehen einer Kooperation sprechen. Ein Vorteil ist, dass sich die Unternehmen auf ihre Kernkompetenzen konzentrieren (insbesondere bei der vertikalen Kooperation). Gemäß Hauschildt und Salomo gibt es weitere Vorteile eine Innovationskooperation einzugehen (vgl. Hauschildt et al. 2016, S. 251 ff.):

- Ressourcenorientierte Vorteile
- Führungstheoretische Vorteil
- Kunden- und Marktvorteile (Diffusionstheorie)
- Diversität

Durch die gemeinsame Zusammenarbeit entstehen Synergieeffekte im Bereich **Wissen** und **Ressourcen,** die die Effizienz beider Unternehmen steigern kann. Diese Synergieeffekte wirken sich auch positiv in den Kosten aus, da die interne Ressourcenbeschaffung höher sind als die Kosten für eine Kooperation. Auch die verkürzten Innovationszyklen können als Folge des effizienten Einsatzes von Ressourcen genannt werden.

Da in einer Kooperation keine Hierarchien herrschen, sondern die Leistungen der jeweiligen Unternehmen in Verträge und Vereinbarungen getroffen wurden, entstehen auch aus Sicht der **Führung** Vorteile. Konflikte werden reduziert, die Leistungsfähigkeit erhöht, sodass sich auch die Entwicklungszeiten minimieren. Basis dafür bilden die Werte aus Kap. 0.

Die Beziehung zu einem Kooperationspartner gewährt auch Einblicke in die Eigenheiten deren Branche, in deren Markt und in die Bedürfnisse deren **Kunden.** Durch die Informationen und Anforderungen des Marktes und der Kunden, können Fehlentwicklungen vermieden und der Markteintritt vereinfacht werden.

Die Generierung von neuen Ideen mit Input von außen sowie die Zusammenarbeit mit externen Personen, wird von den Unternehmen als großer Vorteil von Open Innovation angesehen. Damit werden bestehende Denkweisen durchbrochen und die **Diversität** stellt eine Bereicherung für die Teams dar.

Als Nachteile oder Risiken können einerseits die Abhängigkeit, wie auch die Organisation und Kommunikation in einer Zusammenarbeit genannt werden. Auch die Weitergabe von Wissen birgt vor allem bei der horizontalen Kooperation Risiken, welches die Unternehmen nicht eingehen wollen (vgl. Engelhardt et al. 2017, S. 47). ◄

7 Methoden aus der Praxis – Best Practices

In der Literatur finden sich vier Methoden (Innovationswettbewerb, Communities, Lead User und Toolkits) aus dem Bereich der Open Innovation, welche bei den Unternehmen zur Anwendung kommen (Witte/Reichwald & Piller/Wenger/Vahs). In der Praxis findet man aber weitere Methoden welche im nachfolgenden Kapitel vorgestellt und mit Beispielen unterlegt werden.

Innovationswettbewerbe

Innovationswettbewerbe sind eine andere Form von Open Innovation und werden von Unternehmen ins Leben gerufen. Der Begriff Innovationswettbewerb deckt alle Phasen des Innovationsprozesses ab. Es ist eine Methode verschiedene Arten von Wettbewerben durchzuführen, die sich auch im Hinblick auf die einzusetzende Technologie, die zugelassenen Teilnehmer sowie den Reifegrad der Eingabe (z. B. Idee, Konzept, Prototyp, etc.) unterscheiden (vgl. Wenger 2013).

Das Ziel ist es, innerhalb eines definierten Zeitraums Ideen mit Bezug zu einem spezifischen Thema, einzureichen. Die eingereichten Beiträge und Verbesserungsvorschläge werden von einer Unternehmensjury bewertet und prämiert (vgl. Witte 2011, S. 31).

▶ **Tipp**
Nicht zu spezifisch, nicht zu breit.
Wählen Sie für die Aufgabenstellung eine Formulierung die nicht zu spezifisch, aber auch nicht zu breit formuliert ist. Spezifisch genug, dass die eingereichten Ideen Ihr Bedürfnis befriedigen und zu Ihrem Themengebiet passt. Breit genug, um auch Ideen zu bekommen die

nicht gerade auf der Hand liegen. Es empfiehlt sich die Aufgabenstellung als Testlauf einer kleineren Gruppe zur Verfügung zu stellen, um die Verständlichkeit der Fragestellung zu prüfen. Erst danach den Wettbewerb über eine Anbieterplattform starten.

Communities für Open Innovation

Einige der Methoden von Open Innovation setzen an der Einbindung einzelner Nutzer in die Entwicklung von Innovation an. Wenn diese punktuelle Einbindung von Nutzern zu einer Beziehung unter diesen führt und auf einen gemeinsamen Bezugspunkt fokussiert wird, dann spricht man von einer Gemeinschaft (vgl. Hillery 1955; McAlexander et al. 2002). Ein solcher Bezugspunkt kann ein gemeinsames Hobby, eine Faszination für eine Person, eine Marke oder ein Objekt sein. Diese Gemeinschaft fördert auch die Innovationsaktivitäten, da gemäß Reichwald & Piller Innovationen häufig keine Leistung eines einzelnen Innovators sind, sondern das Ergebnis einer intensiven Zusammenarbeit im Team (vgl. Reichwald et al. 2009, S. 206 ff.). Durch diese Art und Weise entsteht ein Netzwerk, welches die Nutzer befähigt, themenspezifisch interagieren zu können. Dank des Internets und der damit einhergehenden Möglichkeit sich ortsunabhängig austauschen zu können, haben sich virtuelle Formen von Gemeinschaften (virtual communities) etabliert.

Eine Open Innovation Community besteht somit aus einer Gruppe von Personen, welche miteinander (elektronisch) verbunden sind. Diese Art von virtuellen Communities lassen sich mit den Merkmalen in Abb. 4.1 charakterisieren (vgl. Witte 2011, S. 32; Reichwald et. al. 2009, S. 207 ff.).

In einer virtuellen Gemeinschaft stehen für die Kommunikation unterschiedliche technische Möglichkeiten zur Verfügung. Die **Kommunikationsstruktur** kann in zwei technische Optionen unterschieden werden:

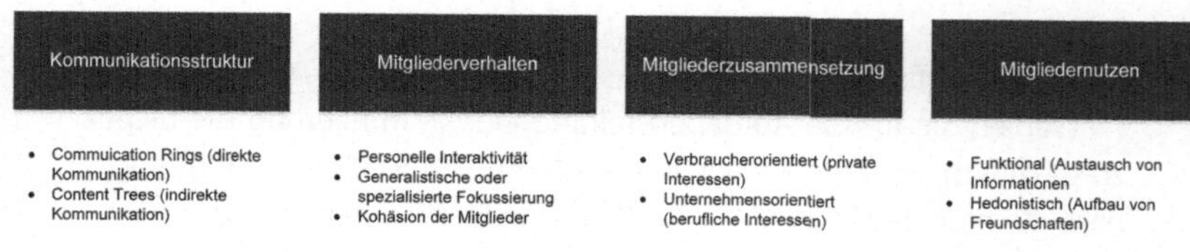

Abb. 4.1 Merkmale von einer Open Innovation Community. (Eigene Grafik nach Reichwald et. at. 2009, S. 207)

- Direkte Kommunikation: Damit werden Informationen zwischen den einzelnen Gruppenmitgliedern direkt versendet, sodass jedes Gruppenmitglied die gleichen Nachrichten bekommt. Dies Form der direkten Kommunikation wird in der Literatur auch „Communication Ring" genannt (vgl. Reichwald. et. al 2009, S. 208).
- Indirekte Kommunikation: In der indirekten Form der Kommunikation (Content Trees) werden Informationen an einem zentralen Ort (z. B. eine Website) für jeden zugänglich gemacht und damit dauerhaft gespeichert. Die Möglichkeit, ausgetauschte Informationen zu archivieren und somit das in einer virtuellen Gemeinschaft produzierte Wissen zu bewahren, ist gemäß Reichwald & Piller der größte Vorteil der indirekten Kommunikation in virtuellen Communities.

Ein weiteres Unterscheidungsmerkmal von virtuellen Communities liegt im **Mitgliederverhalten.** Es bestimmt maßgeblich mit, ob die Kommunikation innerhalb der Gemeinschaft der Kommunikation willen oder der Information willen passiert. Neben dieser personellen Interaktivität liegt das Verhalten auch auf der Fokussierung auf ein bestimmtes Thema. Generalisierte Gemeinschaften decken ein breites Spektrum des Themenbereiches ab, spezialisierte hingegen nur einen Teilbereich, dafür in entsprechender Tiefe. Schlussendlich ist auch die Verbundenheit innerhalb der virtuellen Communities (Kohäsion) ein Verhaltensmuster. Mitglieder bewegen sich zwischen losen, nur schwach verbundenen Gemeinschaften oder in stark kohäsiven Gemeinschaften mit familiärem Charakter.

Bei der **Mitgliederzusammensetzung** von virtuellen Gemeinschaften wird zwischen verbraucher- und unternehmensorientierte Gemeinschaften unterschieden.

- Bei verbraucherorientierten Gemeinschaften stehen hauptsächlich private Interessen und Motive im Vordergrund. Die Mitglieder der Gruppe haben ein gemeinsames Hobby, eine Faszination für eine Person, eine Marke oder ein Objekt. Bei diesen Gemeinschaften treten die Mitglieder als Privatpersonen auf.
- In unternehmensbezogenen Gemeinschaften stehen dagegen berufliche Interessen der Mitglieder im Vordergrund. Die Mitglieder treten dabei als Mitarbeiter von Unternehmen oder als Einheit einer Organisation auf.

Auch beim **Nutzen** einer virtuellen Gemeinschaft kann zwischen zwei Merkmalen unterschieden werden. Während der funktionale Nutzen hauptsächlich im Erwerb und im Austausch von Informationen und Wissen liegt, wird der hedonistische Nutzen durch die soziale Interaktion. Im Vordergrund im hedonistischen Nutzen steht die Interaktion mit den anderen Teilnehmern oder der Aufbau und die Pflege von Freundschaften.

Lead User Methode

Der Einbezug der Außenwelt bzw. der Kunden und Lieferanten in den Innovationsprozess, kann neue Produkte und Dienstleistungen hervorbringen. Diese Zusammenarbeit wird als essenziell für den Innovationserfolg angesehen. Der Kunde hat vier primäre Hauptaufgaben zu erfüllen (vgl. Witte 2011, S. 21):

- Der Kunde gibt die Innovationsziele vor
- Er bringt technisches Knowhow in den Innovationsprozess ein
- Der Kunde erwirbt das innovative Produkt
- Der Kunde entfaltet Referenz- und Diffusionswirkung

Gemäß Witte kann der Einbezug der Kunden auf zwei unterschiedliche Arten erfolgen. Auf der einen Seite ist eine Mitwirkung nach dem herstellgetriebenen- auf der anderen Seite nach dem kundengetriebenen Paradigma. Beim Hersteller-getriebenen Paradigma analysiert der Hersteller die Kundenwünsche und Erwartungen und entwickelt daraus innovative Produkte, die wiederum dann vom Kunden getestet werden können. Im Kontrast dazu stellt der Kunde eine Idee einer Herstellerfirma zur Verfügung und kann so ein neues Produkt hervor-rufen. Der Hersteller prüft die Idee des Kunden und kann auf deren Basis, neue Produkte entwickeln. Eine sehr wichtige Expertengruppe, welche für KMU von größter Relevanz sind, sind Forscherinnen und Forscher an Hochschulen, Uni-versitäten und in der Privatwirtschaft (vgl. Witte 2011, S. 24).

Die Lead User Methode (siehe Abb. 4.2) ist eine Vorgehensweise, welche qualitativer und prozessualer Natur ist. Das primäre Ziel ist es, die fortschritt-lichen Anwender (Lead User) an der Produktentwicklung mitwirken zu lassen. Viele Kunden haben das Bedürfnis, ein bestehendes Produkt „besser" zu machen

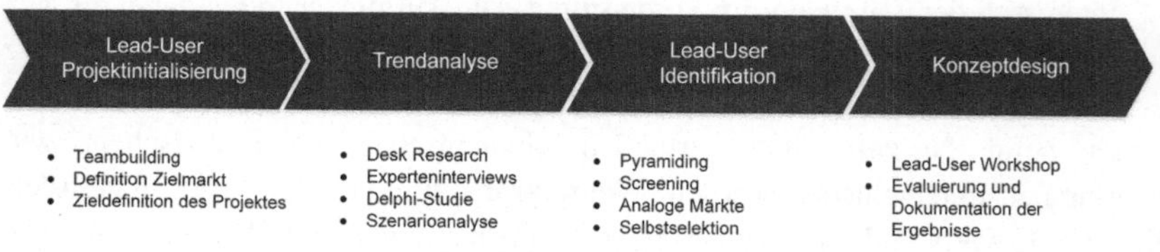

Abb. 4.2 Die Phasen der Lead User Methode. (Nach Reichwald et. al. 2009, S. 182)

oder wollen ein Produkt, welches es in dieser Form auf dem Markt noch nicht gibt. Lead User gehören zu den potenziellen Kunden von Firmen und entwickeln eigene Ideen, welche für die Firma oder ganze Branchen interessant sein können (vgl. Witte 2011, S. 25; Reichwald et al. 2009, S. 180 f.).

Beispiel: Lead User Workshop in der Baubranche

Die Amstein + Walthert Gruppe (A + W) zählt zu den Schweizer Marktführern im Bereich Consulting und Engineering in der Bau- und Immobilienbranche. Sie hat erkannt, dass man mit einer klassischen F&E Abteilung (Forschung und Entwicklung) nicht mehr schnell genug am Markt agieren kann. Die bisherigen, klassischen Herangehensweisen mit denen bisher Projekte erledigt wurden, sind nicht mehr zeitgemäß und erfüllen die Erwartungen/ Anforderungen der Kunden nur unzureichend.

In einem Workshop zum Thema „digitale Planung in der Pharma-, Tech- und Logistikindustrie" wurde gemeinsam mit den unterschiedlichen Kunden- gruppen geschaut, wie die Digitalisierung die Planung beeinflusst. Dazu wurden Vertreter einiger Hauptkunden einen halben Tag an einen Workshop eingeladen. Die Teilnehmer wurden lange im Vorfeld über die Innovations- praktiken unterrichtet und die Erwartungen/Wünsche wurden abgeholt.

Die Gruppe setzte sich aus einem Kundenvertreter, jemanden aus der gleichen Industrie sowie einem Kunden, der sich in einer assoziierten Tätig- keit bewegt, zusammen. Pro Tisch wurde jeweils eine Persona entwickelt, die im Anschluss eine Customer Journey durchlief. Die Erkenntnisse und Erfahrungen wurden daraus gezogen und in die Ideenentwicklung integriert.

„Ich bekomme mit dieser Methode, mit vertretbarem Ressourcenaufwand, viel mehr innovative Ideen als über konventionelle Wege. Und die Qualität ist dabei nicht schlechter." Zitat: Felix, 2019 ◀

▶ Tip Vorbereitung und Durchführung

- Auswahl geeigneter Räumlichkeiten (hell, inspirierend, kreativitäts- fördernd)
- Einladung geeigneter Mitarbeiter und Teilnehmer
- Planung und Strukturierung Workshop
- Frühzeitige Informationen an die Mitarbeiter und Teilnehmer über Sinn und Zweck, Zeitaufwand, Struktur und Ziele, Teilnehmer und Moderator.

Toolkits in der Softwareentwicklung

Das Arbeiten mit Toolkits im Open Innovation Kontext funktioniert anders als die bisherigen beschriebenen Ansätze. Toolkits zielen auf eine sehr große Anzahl von externen Akteuren ab, welche in verschiedenen Phasen der Innovation eine Lösung erarbeiten. (vgl. Witte 2011, S. 28 f.; Reichwald et al. 2009, S. 189 f.). Vahs und Brem haben Toolkits als Open-Innovation-Instrument wie folgt beschrieben:

„Darunter sind Designwerkzeuge zu verstehen, mit deren Unterstützung das Design und die Entwicklung von neuen Produkten systematisch auf einzelne Anwender ausgelagert werden. Meist wird dies durch eine Software im Internet umgesetzt, mit deren Hilfe die Kunden ihr eigenes, individuelles Produkt gestalten können". Zitat: Vahs et al. (2015), S. 246

Die untenstehende Grafik (siehe Abb. 4.3) verdeutlicht wie sehr der Kunde als Entwickler von neuen Produkten & Designs im Zentrum steht. Zum Vergleich, links dargestellt ist der traditionelle Ansatz der Produktentwicklung, in welchem der Kunde erst beim Test Feedback geben kann und somit Änderungswünsche oder Anpassungen nur in den wenigsten Fällen vorgenommen werden können.

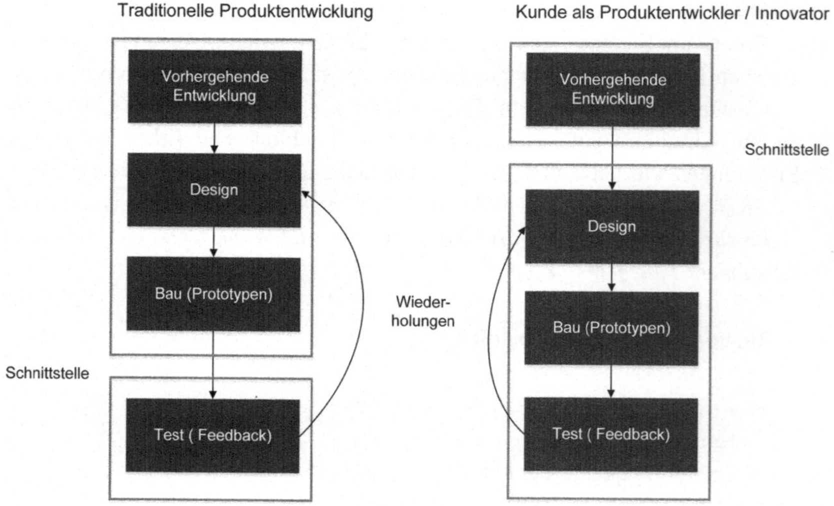

Abb. 4.3 Ablauf des iterativen Problemlösungsprozesses im klassischen Innovations-prozess und bei Einbezug der Nutzer mittels Toolkits für Open Innovation. (Nach Reichwald et. al. 2009, S. 290)

Dies kann dazu führen, dass die Produkte am Kunden „vorbei" entwickelt werden und damit das Endprodukt für den Kunden von geringem Wert ist. Im Kontrast dazu findet das Design, Bau von Prototypen und der anschließende Test des Produktes durch den Kunden statt.

Beispiel: Toolkits im Tourismus

Die Firma Microsoft denkt in userzentrischen- oder kundenzentrischen Szenarien mit der Idee neue Märkte für Ihre Partner zu entwickeln und durch das auch neue Business Modelle am Markt zu treiben. Dabei versuchen sie, eine Bewegung auf die Beine zu stellen, damit diese „Commodity Services" genutzt und von Kunden an Kunden weiterempfohlen werden.

Im Tourismusbereich hat Microsoft mit Vertretern der Tourismuslandschaft mittels dem Plattform Design Toolkit eine Bewegung gestartet, bei der Tourismusdestinationen nun selbst ein Business Ökosystem zusammenbauen können, um die Attraktivität des Standorts Schweiz zu fördern und die Digitalisierung in ihrer Destination zu bewältigen.

Heute ist Microsoft stolz, mit „Discover Swiss", eine Genossenschaft ins Leben gerufen zu haben, welche sich um das Thema kümmert. Jetzt werden bald die ersten drei Pilotdestinationen auf dieser Plattform live gehen. Das ist für den Innovationsmanager bei Microsoft Schweiz genau das Paradebeispiel wie Open Innovation die Destinationen im Tourismus der nächsten 20 Jahre voranbringen wird.

Ein anderer Bereich, in welchem Microsoft daran arbeitet, Providern eine gemeinsame Plattform bereitzustellen, ist das Thema „Future Fabric". Dabei geht es darum, wie man entlang der Supply Chain unternehmensübergreifende Lösungen bieten kann. Bsp., wie kann man ein Lackieren „as a Service" für Fahrzeughersteller anbieten und wer muss mit wem zusammenarbeiten, um diesen Service zu erbringen? Wenn man das als Konzept betrachtet, ist es ähnlich wie das Tourismusbeispiel. Die verschiedenen Equipment Provider müssen langfristig miteinander zusammenarbeiten.

„Informationen teilen und durch das die nächste Phase der Innovation treiben zu können und viel grösser zu denken. Also « Be Bold ». Und das ist für mich Open Innovation." Zitat: Putignano (2019). ◄

Open Ideation

Ein Open Ideation Sprint liefert neue Ideen und validiert Ergebnisse für eine vorher definierte Design Challenge (oder auch Problemstellung genannt). Open Ideation ist stark an den Methoden Design Thinking und Design Sprint angelehnt mit welchen in wenigen Tagen validierte Prototypen für ein Problem entwickelt werden. Üblicherweise finden solche Sprints in der Initiierungsphase des Innovationsprozesses statt und sollen neue Ideen und Lösungen zutage fördern. Open Ideation ist die konsequente Weiterverfolgung des Öffnens des Innovationsprozesses indem man externe Experten, Startups, Hochschulen, Firmen oder Drittpersonen mit in den Prozess mit einbezieht. Dies ermöglicht eine breitere Sichtweise und ein „Out-of-the Box" Denken.

▶ **Definition Design Sprint**

Ein Design-Sprint ist ein fünftägiger Prozess mit dem Ziel, ein Produkt oder die Weiterentwicklung eines Produktes in kürzester Zeit, unter Zuhilfenahme von Team- und Kundeninput zu realisieren. Hierbei liegt der Fokus auf der Ausarbeitung eines visuellen Prototypen für die Benutzerführung. Der Design Sprint wurde von Google Ventures in's Leben gerufen.

Auf Basis einer bestehenden Design Challenge werden in einem Design Sprint die Stakeholder beleuchtet und anhand der Pains & Gains die echten Kundenbedürfnisse überprüft. Darauf entwickelt das Team neue Ideen und validiert diese mit Kundenbefragungen und -beobachtungen. Der Einbezug von Fachexperten sichert die spezifische Wissensvermittlung. Mittels dem Erstellen von Prototypen werden die Lösungen mit den Zielkunden validiert und deren Feedback fließt zurück in die Entwicklung, sodass weitere Validierungsiterationen gestartet werden können.

Beispiel: Open Ideation in der Verwaltung

Energie Wasser Bern (kurz ewb) ist ein selbstständiges, öffentlich-rechtliches Unternehmen im Eigentum der Stadt Bern und versorgt die Stadt mit Energie, Wasser, Gas und Wärme.

In der Initiierungsphase arbeitet ewb meist mit Partnern und Personen aus unterschiedlichen Unternehmen und Branchen zusammen, um einerseits die Diversität zu erhöhen und andererseits, um geeignete Partner und Teammitglieder für die Weiterführung der Ideen zu identifizieren.

Im Rahmen der Weiterentwicklung der Stadt Bern zu einer vernetzten und digitalen Stadt (Smart City), wurde ein Open Ideation Sprint zur Generierung von Ideen und Stoßrichtungen initiiert. Für diesen Sprint, welche durch eine externe Innovationsagentur moderiert wurde, kamen Vertreter der Stadt Bern, Mobilitätsanbieter, Softwareunternehmen und verschiedene andere Personen aus den unterschiedlichsten Branchen zusammen, um in interdisziplinären

Teams in Fachthemen zusammenarbeiten. Dabei lag die größte Herausforderung in der Gewinnung der geeigneten Ressourcen für diese 7 Tage. Doch als ein gewisses Momentum erreicht war, war es leicht, auch weitere Partner und Personen zu finden.

Dank den heterogenen Teams aus 5 bis 7 Personen, konnten einige gute Ideen generiert werden, die allesamt im Innovationsprozess von EWB in die nächste Phase genommen wurden. Dort verfolgt der Energiedienstleister einen klassischen Stage-Gate-Prozess, der sich an der Qualität und der Reife der Prototypen orientiert. Von der Idee bis zum ersten Prototyp brauchen sie eine Woche und testen diesen sogleich mit ersten Kunden. Dann wird erstmalig entschieden, ob die Idee weiterverfolgt wird oder nicht.

„Ich glaube für gemeinsam Projekte anzugehen, sind solche Ideation Formate geeignet. In der gemeinsamen Entwicklung von Ideen gibt es sehr viel Überschneidungs- und Konfliktpotential und daraus stellt sich bereits raus, wie ähnlich die Vorstellungen der einzelnen Gruppenmitglieder sind.“ Zitat: Nerz (2019) ◄

▶   Tip Vorbereitung und Durchführung

- Definition einer konkreten Design Challenge
- Auswahl geeigneter Räumlichkeiten (hell, inspirierend, kreativitäts-fördernd)
- Einladung geeigneter Mitarbeiter und Teilnehmer
- Planung und Struktur Design Sprint
- Frühzeitige Informationen an die Mitarbeiter und Teilnehmer über Sinn und Zweck, Zeitaufwand, Struktur und Ziele, Teilnehmer und Moderator
- Moderation und konsequentes Timeboxing

Eingliederung von Startups

„The Garage“nennt sich das Innovationslabor der Generali. ist 600 m^2 gross und gibt 12 Startups die Möglichkeit, „rent-free“zu arbeiten. Dafür entwickeln sie gemeinsam mit Generali und anderen Partnern die Produkt- und Geschäftsmodelle der Zukunft. Mit Weltweit 70.000 Mitarbeitern und 2 Mrd. CHF Umsatz gehört die Generali zu einer der kleineren Versicherungsgesellschaften im weltweiten Vergleich.

Eine systematische Eingliederung von Startups in die Räumlichkeiten einer Unternehmung ist eine neue Methode aus der Praxis und in der Literatur bislang nicht beschrieben. Die Startups, welche das potenzielle Kundenbedürfnis der Generali decken können, werden über Accelerators-Programme wie beispielsweise F10 oder „Plug&Play" gesucht und selektiert. Diejenigen, die von Interesse für die Generali sind, werden durch den internen „Adopt the Startup" Prozess geschleust. Dieser Prozess dauert bis zu 6 Monate und wenn eine gemeinsame Basis und Absicht für eine mögliche Zusammenarbeit geschaffen wurde, bekommen die Startups die Möglichkeit ihren Geschäftssitz in die Garage der Generali zu legen. Dies ist nicht nur für Generali ein Gewinn auch die Startups profitieren von einer Zusammenarbeit in Form von Wissen, Zugang zu Kundendatenbank und Ressourcen.

Beispiel: Versicherung und Startups

Ein Beispiel einer solchen partnerschaftlichen und engen Zusammenarbeit ist die „Krypto Asset Protection". Dabei beruht der Versicherungsschutz auf privaten Schlüsseln (Passwort) beim Handeln mit Kryptowährungen (wie z. B. Bitcoins). Wenn dieses Passwort verloren geht, verliert man sein Geld für immer. Generali und ihre Startups kommen nun mit einer Lösung, dass das Passwort nie verloren gehen kann. Und auch wenn der Inhaber stirbt, können die Nachkommen diesen Private Key „erben".

Ein anderes Beispiel ist Lynx, eine „On Demand Insurance" mit welcher der Kunde z. B. seine teure Kamera für 50 Rappen pro Tag versichern kann. Somit kann ein Kunde beispielsweise eine Wanderung in den Bergen unternehmen und seine Kamera versichern.

Bei beiden Entwicklungen ist die Nähe zum Partner der Schlüssel zum Erfolg und führt zu schnellen und marktfähigen Resultaten. ◄

Diversität im Innovationsmanagement

Ein großer Erfolgsfaktor für nachhaltige Innovation ist gemäß Kearney et. al. 2009 die Arbeitnehmer und Arbeitnehmerinnen einer Unternehmung. Denn die ganze Belegschaft ist letztendlich für die Innovationskraft einer Unternehmung verantwortlich und kann diese langfristig fördern. Dabei ist es aber wichtig zu verstehen, dass nicht das Individuum selbst, sondern die Zusammenarbeit von eng kooperierenden Einheiten zum Erfolg führt. Eine heutige Unternehmung hat also die Herausforderung, Teams zusammenzustellen, die funktionieren und auf hohem Niveau konstant performen können. Die Stichworte Diversity und Heterogenität eines Teams sind hierbei der Schlüssel zum Erfolg. Die Unterschiede zwischen den Personen in solchen Teams, das Spektrum an Wissen, Fähigkeiten und Fertigkeiten, die Erfahrungen und die unterschiedlichen Perspektiven steigern die Kreativität und tragen zu innovativeren Ideen und Problemlösungen bei (vgl. van Knipperberg et. al. 2007).

▶ **Definition Diversity** Diversity ist der Unterschied zwischen Individuen und beinhaltet alle Merkmale, welche dazu beitragen, andere Personen könnten anders sein als man selbst (vgl. van Knipperberg 2007; Williams 1998).

Doch leider ist es einfach mit einer Durchmischung von beispielsweise Chinesen und Schweizern, Frauen und Männer, Alt und Jung nicht getan. Denn eine solche Heterogenität birgt auch negative Effekte. Der Mensch arbeitet nämlich lieber mit anderen Personen zusammen, die ihm selbst ähnlich sind (vgl. Byrne 1971). Die Ähnlichkeit fördert die zwischenmenschliche Sympathie, die Kommunikation, die Zufriedenheit und schlussendlich auch die Innovationskraft des Teams.

Es gilt Diversität ja, aber die Zusammenstellung und die Begleitung des Teams (z. B. während eines Open Ideation Sprints) muss das Potenzial der Mitglieder ausschöpfen können. Während des Innovationsprozesses gilt es die unterschiedlichen Wissensstände und Perspektiven konstruktiv zu verbinden und die Methoden so zu wählen, sodass die Zusammenarbeit und der Austausch auf einer wertschätzenden und gewaltfreien Kommunikation basieren.

Beispiel: Diversity bei SIX

Dass Diversität und Openess nicht immer von außen kommen muss, zeigt uns das Beispiel der SIX. Die SIX Group ist ein global tätiges Finanzunternehmen mit weltweit 2600 Mitarbeitenden, einem Konzerngewinn von 2,88 Mrd. CHF und über 610 Mio. Transaktionen im Bereich Interbank Clearing im Jahre 2018.

Im Innovationsmanagement der SIX setzt man auf ein Team, welches eine intrinsische Neugier mit sich bringt, heterogen zusammengesetzt ist und einen gesunden Zweifel an den eigenen Ideen hat. So sei man offen, mit Leuten zu diskutieren und kann eine neue, bessere Meinung bekommen.

„[…] es muss so heterogen sein wie möglich. Man muss Künstler haben, Akademiker, Juristen wirklich durch das Band. Älter, jünger, mit Berufserfahrung, ohne Berufserfahrung und dann muss man die Leute gut zusammenbringen." Zitat: Turner (2019).

Bereits in der Exploration liegt gemäß Edward Turner der große Vorteil eines durchmischten Teams. Man merkt relativ schnell, ob man richtig oder falsch liegt, weil irgendjemand einem dies sagen wird. Und dadurch spart man schlussendlich extrem viel Ressourcen. Das Innovationsmanagement bewegt sich diagonal und sucht in anderen Branchen und Industrien nach Inspiration und Ideen. Anhand der Ideen und dem heterogenen Team von Individuen, entwickelt SIX neue Ideen, ohne dass sie die Welt neu erfinden muss. Denn sehr oft sind Sachen relativ naheliegend, sie werden jedoch nicht im Umfeld der SIX angewendet. Als Beispiel nennt Turner Märkte, in welchen hohe Sicherheit notwendig ist, hohe Transaktionsvolumen abgewickelt werden oder in welchen Privacy extrem wichtig ist. ◄

Best Practices und ihre Anwendung

Methoden wie Innovationen entstehen können gibt es viele. Es kommt einerseits auf die Problemstellung, andererseits auf die Möglichkeiten einer Unternehmung an, welche Methode zum Einsatz kommen soll. Nicht in jeder Unternehmung können alle Methoden 1:1 angewandt werden. Die Unternehmenskultur, die Mittel, das Engagement, die eigene Überzeugung, das Wissen, die Organisationsform und auch branchenspezifischen Gegebenheiten verhindern ein Umsetzen der Methode oder fordern zumindest eine Adaption dieser. Primär in traditionellen Unternehmen sind die Methoden nicht oder nur schwer integrierbar und anwendbar. Doch auch in diesen Unternehmen gibt es Formen von Kooperationen nämlich mittels strategischen Allianzen – einer Form der Innovationskooperation in der horizontalen Richtung. Diese bringen meist Prozessinnovation zum Vorschein, sodass eine Korrelation zwischen Methode und Kategorie von Innovation besteht.

Bei Prozessinnovationen geht es um Standards zu setzen und effizienter zu werden. Formen dieser Kooperation sind wie eben beschrieben, strategische Allianzen entlang einer horizontalen Kooperation.

Produktinnovationen werden durch die Kooperation in der Vertikalen begünstigt. Durch eine Entwicklung eines Produktes in der Vertikalen haben auch die Vertreter aus den vor- oder nachgelagerten Prozessen ihren Nutzen davon. Lead User, Innovationswettbewerbe, Communities und Open Ideation eignen sich als Methoden hierfür.

Diagonale Kooperationen bringen zwar auch Produktinnovationen hervor, sie bilden aber primär die Basis für Geschäftsmodellinnovationen. Geschäftsmodellinnovationen kann man mit Toolkits, Eingliederung von Startups oder ebenfalls der Methode von Open Ideation fördern. ◄

Es gilt, einigen Themen Beachtung zu schenken, damit Innovation beziehungsweise Open Innovation in einer Unternehmung erfolgreich Anwendung finden und einen Nutzen stiften kann.

Innovationsprozess

Viele der beschriebenen Best Practices helfen, Ideen zu generieren und in der Initiierungsphase des Innovationsprozesses Geschwindigkeit aufzunehmen. Die wirkliche Arbeit folgt jedoch danach in der Entwicklungs- und Implementierungsphase.

In der Entwicklungsphase wird empfohlen, die neu generierten Ideen im Anschluss an den Workshop zeitnah zu validieren und mehrmals iterativ mittels Prototyping gemeinsam mit den Kunden, auszuprobieren. Wichtig dabei ist es, eine Person zu haben, welche sich des Themas annimmt und die Rolle des „Champions" übernimmt. Ist dieser „Champion" selbst nicht motiviert, wird die Idee nicht weitergeführt werden und stirbt. Der „Champion" kann eine externe Innovationsagentur, ein Startup oder eine interne Person sein.

Motivationsgründe können beispielsweise sein:

- Sich selbst beweisen, dass ich es kann
- Ein positives Beispiel sein für andere
- Etwas erfinden, das Sinn macht
- Der Welt zeigen, dass ich innovativ bin
- Herausforderungen lieben
- Etwas schaffen wollen, das meinen Wertvorstellungen entspricht

- Meiner Familie helfen
- Meiner Gemeinschaft helfen
- Ein Gefühl persönlicher Zufriedenheit verspüren

Um auch in der Implementierungsphase erfolgreich zu sein, ist es wichtig, den Business Owner, den Produktmanager, den Leiter Entwicklung, den Leiter IT oder andere vergleichbare Personen aus dem Unternehmen in die Entwicklung miteinzubeziehen. Mit ihrer Fachexpertise kann die Idee reifen und marktfähig gemacht werden. In dieser Phase werden klassischerweise folgende Tätigkeiten fällig:

- Optimierung und Weiterentwicklung
- Betrieb und Service
- Pricing & Vermarktung

Richtung von Kooperation
Es sind nicht alle Richtungen von Innovationskooperationen für jedes Unternehmen anwendbar. Dafür sind die unterschiedlichen Branchen und der darin herrschende Wettbewerb zu verschieden.

Das Unternehmen soll einen klaren Fokus haben, welches Produkt oder welche Dienstleistung entwickelt werden soll und sich im Anschluss überlegen, welche Kooperationsrichtung sich dafür am ehesten eignet. Es empfiehlt sich, die Richtung der Kooperation der vorhandenen Unternehmensstrategie anzupassen, um sich selbst nicht zu überfordern. Ein Grundwissen über die Kooperationsformen entlang der Richtung sollte vorhanden und ein dafür nutzbares Netzwerk bestehend sein.

Ressourcen
Der Anfang im Thema Innovation bzw. Open Innovation ist für viele kleinere und mittlere Unternehmen schwierig, da es an Ressourcen (primär Menschen, Wissen und Empathie und in zweiter Linie an finanziellen Mittel, Material und Anlagen) fehlt. Die finanziellen Mittel können durch ein klares Commitment des Top Managements besorgt werden, für die Ressource Mensch und Wissen empfiehlt es sich, Experten hinzuzuziehen.

Bekannte Innovationsexperten und Firmen, welche im Bereich Wissen die KMU in der Initiierungsphase unterstützen können, gibt es viele. Dabei unterscheiden sich deren Angebote meist nur in der Dauer und der angewandten Methoden der Ideengenerierung.

Als sehr vielversprechend sehen die Autoren das Hinzuziehen von externen Ressourcen in den Innovationsprozess, wie am Beispiel der Best Practice Open Ideation geschildert. Dabei profitieren die Unternehmen nicht nur von zusätzlichen motivierten Personen, sondern auch von der entstehenden Diversität. Damit erhalten sie eine andere Sichtweise auf eine bestimmte Problematik und können mit Hilfe von spezifischer Erfahrung und Methodenwissen neue Produkte und Dienstleistungen erschaffen.

Diese Art der Unterstützung, im Kontext von Open Innovation, bietet zum Beispiel die Firma Innovationshelden.ch. Neben ihrem Netzwerk an intrinsisch motivierten und ausgebildeten[1] Personen bieten sie die Möglichkeit, interne Teams der KMU mit Ressourcen zu unterstützen und die Idee von der Initiierung bis zur Implementierung gemeinsam zu entwickeln.

Innovationstheater

Aus der Erfahrung aus der Praxis kann festgestellt werden, dass eine interne und externe Vermarktung und Visualisierung des Innovationsmanagements, der Innovationsvorhaben und Innovationserfolge positive Auswirkungen auf die Motivation und die Unternehmenskultur haben.

Bestehende Werte mit solchen Artefakten (Siehe Abb. 2.4) zu ersetzen, funktioniert aber leider nicht in jedem Fall und es verkommt schnell zu einem „Innovationstheater", wie es Jean-Philippe Hagmann in seinem Buch „Hört auf Innovationstheater zu spielen"aus dem Jahre 2018 bereits ausführlich beschrieben hat. Die Umgangsformen, die Sprache, die Kleidung und Rituale von Startups oder angesagten Innovationsfirmen zu kopieren, um dadurch innovativ zu wirken, wird nicht empfohlen.

Die interne und externe Kommunikation der Innovation soll behutsam angegangen und ehrlich kommuniziert werden. Es macht nicht alles Spaß, was im Innovationsmanagement geschieht. Innovation zu betreiben ist eine harte, prozessorientierte und eng getaktete Arbeit, mit wiederkehrenden Iterationen und vielen Rückschlägen. Einhörner, Regenbogen oder andere fantasievolle Visualisierungen braucht es nicht, wenn der Rückhalt der Unternehmung vorhanden ist.

---

[1]Innovationsausbildung sowie Erfahrung im Innovationskontext.

5.1   Voraussetzung für Open Innovation und Fehler die es zu vermeiden gilt

Die Grundwerte vieler Unternehmen sind so verschieden wie die Ideen in den Köpfen der Mitarbeitenden. Unternehmen mit einer offenen Kultur, Diversität und ähnlichen Wertvorstellungen, die ein Öffnen der Unternehmung zulassen, haben eine Basis für Innovation. Erst wenn dies gegeben ist, ist ein Öffnen des Innovationsprozesses gegen außen und somit Open Innovation möglich.

Hierfür ist das klare Commitment vom Top Management und der strategischen Position des Innovationsmanagements eine – wenn nicht die – wichtigste Komponente für ein erfolgreiches Innovationsmanagement.

Die Autoren empfehlen, die internen Werte und Normen aktiv zu hinterfragen und bei Bedarf mittels z. B. Change-Management, Coaching oder Leadership Circle zu verbessern. Das Innovationsmanagement muss nahe am CEO liegen und der Innovationsmindset muss vom Management gelebt und getragen werden.

5.2   14 Fehler die es zu vermeiden gilt

Open Innovation ist etwas was theoretisch von heute auf morgen angegangen werden, und schnell zu Erfolgen führen kann. Nichtsdestotrotz gibt es auch Fehler, welche es zu vermeiden gilt.

1. Zu wenig Zeit für die Vorbereitung eines Workshops planen
2. Das Mindset nicht anzupassen und nur eigene Ideen akzeptieren
3. Fehler als Scheitern anzusehen, anstelle daraus zu lernen
4. Das Problem durch den Kunden selbst lösen zu lassen
5. Das wahre Kundenbedürfnis ignorieren.
6. Ein Produkt des Produktes wegen entwickeln
7. Eine Fehlerkultur in der Firma vermeiden
8. Heterogene Innovationsteams
9. Innovation und Ideen für sich behalten
10. Keine intrinsische Kuriosität aufweisen
11. Grenzen nicht ausloten
12. Das innovative Potenzial von Mitarbeitern ignorieren
13. Partnerschaften nicht eingehen
14. Externes Wissen nicht beiziehen

Was Sie aus diesem *essential* mitnehmen können

- Grundlagenverständnis wie Sie Ihr Unternehmen gegen außen öffnen können
- Einblick in die Herausforderungen, Voraussetzungen und Vorteile von Open Innovation
- Welche Best Practices von Open Innovation Methoden Sie nutzen, und welche Art von Innovation Sie damit beflügeln können
- Welche Fehler Sie bei einer Umsetzung von Open Innovation vermeiden können

D. Hanisch und R. Grau, *Best Practice Open Innovation*, essentials, https://doi.org/10.1007/978-3-658-31443-9

Literatur

Brunswicker, S. (08. 09 2009). *Von Closed zu Open Innovation.* Von Blog – Frauenhofer Institut: https://blog.iao.fraunhofer.de/von-closed-zu-open-innovation-verandern-die-neuen-spielregeln-unser-innovationsmanagement/ abgerufen.

Chesbrough, H. (2006). *Open Innovation – The new imperative for creating and profiting from technology.*

Christensen, C. M. (2013). *The Innovator's Dilemma – Warum etablierte Unternehmen den Wettbewerb um bahnbrechende Innovationen verlieren.*

Cooper, R. G. (2009). How companies are reinventing their idea-to-launch methodologies. *Research Technology Management, Vol. 5, Nr. 2.*

Engelhardt, S., & Hofbauer, G. (2017). *Vertikale Kooperationen zur Nutzung von Innovation 1. Auflage.*

Faber, M. J. (2008). *Open Innovation – Ansätze, Strategien und Geschäftsmodelle.*

Gassmann, O., & Enkel, E. (2006). Open Innovation – Die Öffnung des Innovationsprozesses erhöht das Innovationspotenzial. *Zeitschrift Führung & Organisation, ZfO, Nr. 3.*

Goffin, K., & Mitchell, R. (2010). *Innovation Management – Effective Strategy and Implementation using the Pentathlon Framework 3rd Edition.*

Hagmann, J.-P. (2018). *Hört auf Innovationstheater zu spielen – wie etablierte Unternehmen wirklich radikal innovativ werden.*

Hauschildt, J., Salomo, J., Schultz, C., & Kock, A. (2016). *Innovationsmanagement 6. Auflage.*

Hellbach, P. (2015). *Open Innovation in der Praxis – Analyse des Lead-User-Ansatzes.*

Hillery, J., & George , A. (1955). Definitions of community – areas of agreement. *Rural sociology, Vol. 20.*

Huber, D., Kaufmann , H., & Steinmann, M. (2014). *Bridging the Innovation Gap – Bauplan des innovativen Unternehmens.*

Koulopoulos, T. M. (2010). *Die Innovationszone – Wie sich Firmen neu erfinden.*

McAlexander, J., Schouten, J., & Koenig, H. (2002). Building Brand Community. *Journal of Marketing*, Nr. 66.

Pepels, w. (2012). *Handbuch des Marketing 6. Auflage.*

Porter, M. E. (2010 7. Auflage). *Wettbewerbsvorteile – Spitzenleistungen erreichen und behaupten.*

Reichwald, R., & Piller, F. (2009). *Interaktive Wertschöpfung – Open Innovation, Individualisierung und neue Formen der Arbeitsteilung 2. Auflage.*

Rotering, C. (1990). *Forschungs-, und Entwicklungskooperationen zwischen Unternehmen – Eine empirische Analyse 1. Auflage.*

Schein, E. H. (1984). Coming to a New Awareness of Organizational Culture. *Sloan Management Review 25:2*, Page 3.

Schumpeter, J. (1934). The Theory of Economic Development. *Harvard University Press, Cambridge, MA.*

Thommen, J.-P. (2000). *Managementorientierte Betriebswirtschaftslehre 6. Auflage.*

Vahs, D., & Brem, A. (2015). *Von der Idee zur erfolgreichen Vermarktung 5. Auflage.*

Wenger, J. E. (2013). *Gewinngestaltung bei Innovationswettbewerben, Theoretische und praktische Betrachtung 1. Auflage.*

Witte, M. (2011). *Open Innovation als Erfolgsfaktor für KMU – Theoretische Analyse und praktische Untersuchung.*